¡Pégale!
Historia de las
herramientas

Dona Herweck Rice

Asesor

Timothy Rasinski, Ph.D.
Kent State University

Créditos

Dona Herweck Rice, *Gerente de redacción*

Robin Erickson, *Directora de diseño y producción*

Lee Aucoin, *Directora creativa*

Conni Medina, M.A.Ed., *Directora editorial*

Stephanie Reid, *Editora de fotos*

Rachelle Cracchiolo, M.S.Ed., *Editora comercial*

Basado en los escritos de *TIME For Kids*.

TIME For Kids y el logotipo de *TIME For Kids* son marcas registradas de TIME Inc. Usado bajo licencia.

Teacher Created Materials

5301 Oceanus Drive
Huntington Beach, CA 92649-1030
http://www.tcmpub.com

ISBN 978-1-4333-4489-3

© 2012 Teacher Created Materials, Inc.
Made in China
YiCai.032019.CA201901471

Tabla de contenido

¡Escarba!

Recoge unas ramitas. Las mira cuidadosamente y piensa qué hacer con ellas. Introduce las ramitas e intenta atrapar su alimento. Es difícil, pero lo sigue intentando. Finalmente, ¡tiene éxito! Se lleva el alimento a la boca y lo come.

Pero las ramitas no son palillos chinos, y ella no es humana. Es un chimpancé. Utiliza las ramitas para servirse termitas para la cena. Las herramientas hacen que su vida sea un poco más fácil.

A lo largo de los tiempos, las personas han fabricado herramientas para hacer muchas cosas diferentes, incluso comer. ¡Pero es sorprendente pensar que otros animales también usan herramientas!

Un chimpancé come termitas usando una rama larga.

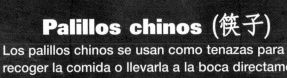

Palillos chinos (筷子)

Los palillos chinos se usan como tenazas para recoger la comida o llevarla a la boca directamente desde un tazón. Se usaron en China por primera vez hace unos 5,000 años. Junto con los cuchillos, están entre los **utensilios** para comer hechos por el hombre más antiguos que conocemos.

Principios básicos

El cerebro es asombroso. No hay muchas cosas que el cerebro pueda imaginar y que no pueda resolver cómo hacerlas realidad, no importa cuán imposibles parezcan al principio. Por ejemplo, hace mucho tiempo, en el antiguo Egipto, las personas construyeron enormes pirámides que aún están en pie. ¿Cómo lo lograron? Después de todo, no contaban con las modernas grúas, buldóceres y otros potentes **equipos** que tenemos ahora. Pero usaron su cerebro para imaginar las herramientas, los **materiales** y el equipo adecuados. Hoy todavía podemos ver el resultado de su trabajo que se eleva sobre el desierto de arena.

Los antiguos egipcios usaron herramientas para crear las altas pirámides que vemos hoy.

¿Herramientas o equipo?

¿Cuál es la diferencia? Un equipo es algo que se usa para un propósito específico. Por ejemplo, el casco es un equipo que se usa para proteger la cabeza. Las herramientas son cosas que se hacen o se usan para hacer un trabajo. Un martillo es una herramienta hecha para golpear clavos.

Actualmente se utilizan grúas para construir edificios que son aún más altos que las pirámides.

¿Las personas siempre usaron herramientas? Sí, de alguna u otra forma, lo hicieron. Al principio, las herramientas eran simplemente objetos que ya existían y que se usaban para hacer determinadas tareas. Piensa en la ramita que usó el chimpancé para obtener alimento. Las personas siempre usaron éste tipo de herramientas.

Desde alrededor del año 10,000 a. C. hasta el año 2500 a. C., las personas fabricaban herramientas con piedra. Este período se llama la **Edad de Piedra**.

De hecho, las personas aún hoy en día usan como herramientas cosas que encuentran. ¿Alguna vez acampaste y tuviste que armar una tienda de campaña? Es difícil enterrar las estacas en el suelo sólo con las manos. A veces, las personas no piensan en llevar un martillo cuando van de campamento. De manera que, ¿qué podrías utilizar para golpear una estaca si no dispones de un martillo? ¿Qué tal una piedra? Las piedras fueron una de las primeras herramientas, y todavía son útiles hoy.

Herramientas quirúrgicas egipcias de bronce, años 30 a. C. a 337 d. C.

¿Sabes cuál fue la primera herramienta usada por el hombre? Es algo con lo que nacemos: las manos. Piensa en la forma en que usas las manos como herramientas todos los días. ¿Tienes comezón? La mano es una increíble herramienta para rascarse. ¿Se te cayó algo? Las manos pueden funcionar como pinzas para recogerlo. Puedes usar las manos para tocar el tambor, encender interruptores eléctricos o manejar el control de los videojuegos. La lista continúa. ¿Cuántas herramientas conoces que puedan hacer tantas cosas?

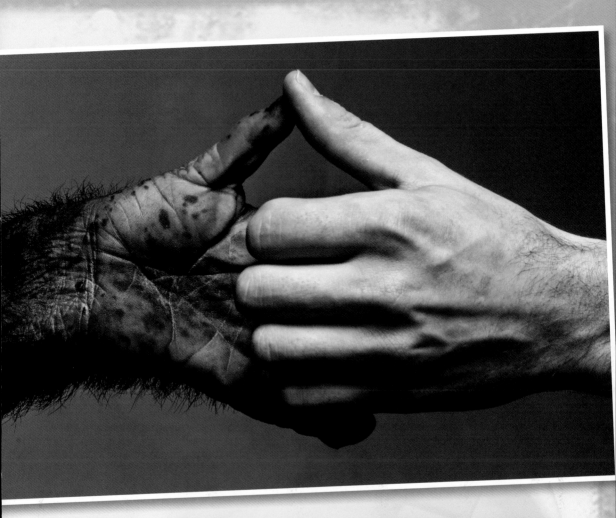

Pulgares oponibles

¿Qué es lo que hace que las manos humanas sean tan asombrosas? Los **pulgares oponibles**. Los pulgares se pueden mover en forma opuesta a los dedos de la misma mano. Esto les permite a los seres humanos agarrar y sostener objetos. Unas pocas especies más del reino animal también tienen pulgares oponibles.

Con el paso del tiempo, las personas se dieron cuenta de que podían fabricar herramientas para propósitos específicos. Cuando veían la necesidad de una herramienta, podían fabricar una herramienta para satisfacer esa necesidad. Palos, piedras, conchas, cuernos y otros elementos que encontraban se podían convertir en herramientas más avanzadas. Una piedra afilada podía unirse a la punta de un palo para hacer una flecha. Un pedazo de madera flexible y un trozo de **tendón** se podían convertir en un arco. Muchas herramientas primitivas se hicieron con elementos simples como estos y un poco de pensamiento creativo.

Esta mujer usa un arco y flecha como los de alrededor del siglo XI d. C.

En todo el mundo, las personas hicieron puntas de flechas como éstas, tallando una piedra dura en forma puntiaguda.

Herramientas para los animales

Muchos animales usan objetos que encuentran como herramientas. Aquí van algunos ejemplos. Los elefantes mueven grandes objetos para pararse sobre ellos y llegar a los alimentos que están fuera de su alcance. Las nutrias marinas usan piedras para despegar las conchas de las rocas. Los papagayos usan plumas viejas para rascarse la parte de atrás del cuello. Y los gorilas usan palos para poder caminar erguidos cuando cruzan una corriente de agua profunda.

Este mono usa una piedra para abrir un alimento.

Dar en el clavo

El progreso en la vida de las personas vino rápidamente cuando se dieron cuenta de cómo fabricar herramientas. Fueron capaces de hacer más cosas y de hacerlas mejor y más fácilmente que antes. Hasta cazar para procurarse alimento se hizo más fácil. Esto les dio a las personas tiempo para dedicarse a mejorar sus vidas de otras maneras.

Los arados tirados por caballos como éste ayudaron a los granjeros a transformar la tierra.

destral

Un molino de agua es una máquina que utiliza la presión del agua para generar energía.

Un molino de viento crea y almacena energía cuando el viento hace rotar sus aspas.

Las personas fabricaron herramientas para hacer cosas que no podían hacer con el cuerpo. No podían matar a sus presas con las manos y los dientes. Entonces, fabricaron arcos y flechas, lanzas y **destrales**. Cuando aprendieron a usar el metal para fabricar herramientas, pudieron convertirse en mejores granjeros. Desarrollaron nuevas fuentes de energía cuando aprendieron a hacer molinos de viento y molinos de agua. Los molinos capturaban la energía del viento y del agua.

Durante la **Edad Media** y con posterioridad, los artesanos dependieron de sus herramientas para ganarse la vida. En aquellos días, las herramientas debían fabricarse a mano. Eso lleva tiempo y requiere mucha habilidad. Si una herramienta se perdía o se rompía, una persona no podía simplemente correr a la **ferretería**. La vieja herramienta debía repararse o se debía fabricar una nueva.

La Edad Media se extendió desde aproximadamente el siglo V hasta el siglo XV.

carpinteros del siglo XV

formones para trabajar la madera

Con el paso del tiempo, se desarrolló una amplia variedad de herramientas de metal como éstas.

Alrededor del 1800, el costo del cofre de herramientas de un artesano equivalía a aproximadamente la paga de un año. Las herramientas eran valiosas. Se pasaban de padres a hijos. Cada propietario marcaba sus herramientas con su nombre para que nadie pudiera decir que eran suyas.

Durante la **Revolución Industrial**, las personas aprendieron nuevas formas de usar las herramientas para fabricar otras herramientas. Las personas son los únicos animales que hacen esto. Se construyeron fábricas enteras para hacer herramientas. Estas herramientas se usaron para hacer cosas que las personas necesitaban y deseaban. Al principio, las personas manejaban estas máquinas. Actualmente, muchas máquinas son manejadas por otras máquinas.

Durante la Segunda Guerra Mundial, las mujeres comenzaron a trabajar en las fábricas con más frecuencia.

Los antiguos herreros a menudo usaban herramientas como pinzas y martillos para fabricar otras herramientas útiles.

Nuevas herramientas

Algunas personas creen que ahora vivimos una nueva revolución. Las computadoras nos permiten crear nuevas máquinas. Aprendemos a hacer herramientas que solamente se pueden ver por medio de microscopios. Trabajamos con **moléculas** y **átomos** para hacer cosas que las personas no se imaginaban apenas unos años atrás. Las herramientas que usamos cambian constantemente. ¡Pero la necesidad de herramientas nunca cambia!

Las herramientas de los oficios

Las herramientas se usan en muchos **oficios**. Un chef usa herramientas de cocina. Un sastre usa herramientas de costura. Pero las herramientas en las que más piensan las personas son las herramientas para construir cosas. Estas herramientas surgieron a lo largo de la historia. En algunos casos, no han cambiado mucho. Cuando una buena herramienta está bien diseñada, no se puede hacer mucho más para mejorarla. Las páginas siguientes muestran parte de la historia de estas interesantes herramientas.

Cada oficio tiene sus herramientas.

herramientas de costura

No siempre hubo progreso en el desarrollo de las herramientas. Algunos artesanos de la antigua Roma tenían herramientas más avanzadas que artesanos similares de la Edad Media.

Los antiguos romanos construyeron complejos sistemas de conducción de agua con herramientas avanzadas.

herramientas de cocina

Hachas y sierras

Las primeras hachas se construyeron hace mucho, en el 8000 a. C.
Se hacían con cuernos de animales. Las hachas se hicieron de metal
5,000 años más tarde. Las hachas como las conocemos ahora aparecieron
alrededor del año 500 a. C.

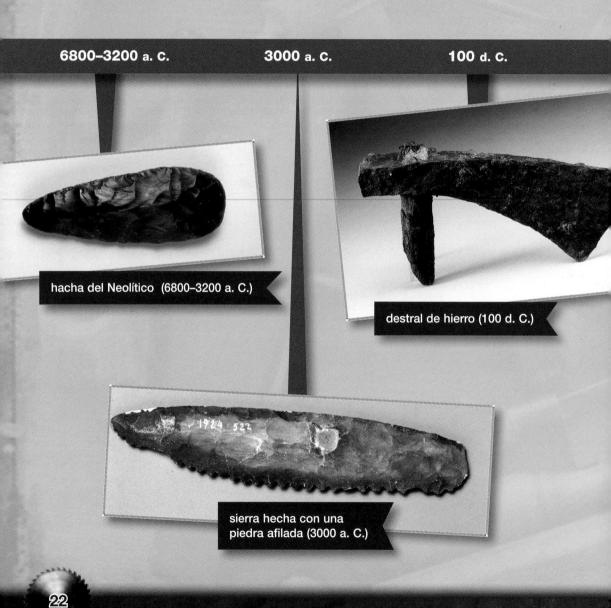

6800–3200 a. C.   **3000 a. C.**   **100 d. C.**

hacha del Neolítico (6800–3200 a. C.)

destral de hierro (100 d. C.)

sierra hecha con una
piedra afilada (3000 a. C.)

Los antiguos egipcios hicieron sierras de cobre. Los antiguos romanos y griegos les agregaron un mango de madera. A partir de finales del siglo XVII, se crearon las sierras de acero. Se hicieron muchas clases diferentes de sierras con el fin de hacer todo tipo de trabajos. Estas sierras eran importantes para los fabricantes de muebles. Necesitaban sierras especiales para obtener diferentes resultados.

1600–1900 d. C.   **en la actualidad**

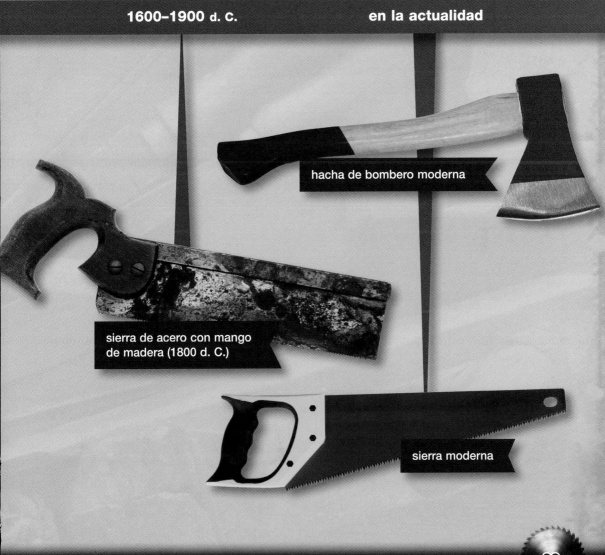

hacha de bombero moderna

sierra de acero con mango de madera (1800 d. C.)

sierra moderna

martillo antiguo

martillo moderno

Martillos y pinzas

Los primeros martillos eran simplemente piedras sostenidas con la mano. Los antiguos griegos les agregaron el mango. Los antiguos romanos les agregaron una cuña para extraer clavos. Los diferentes oficios hicieron diferentes martillos para hacer la clase de trabajo requerida. Pero el martillo básico no ha cambiado mucho.

Las pinzas se usan para sostener, agarrar, doblar y cortar objetos. Las **tenazas**, que eran como pinzas primitivas, se usaban para manejar objetos calientes tales como brasas. Los antiguos romanos usaron tenazas de hierro para sostener metales calientes. Actualmente usamos pinzas para sostener objetos pequeños y doblar o cortar cables. Las pinzas modernas se comenzaron a fabricar a partir de la década de 1700.

tenazas de herrero

grabado en piedra de un
herrero romano (300 a. C.)

pinza antigua

pinza moderna

Limas y papel de lija

Las primeras limas se hicieron en el antiguo Egipto. La parte interesante de la fabricación de las limas son los dientes. Los primeros dientes se hicieron a mano con un martillo y un **cincel**. Más adelante, los pequeños dientes que les permiten a las limas hacer su trabajo se pudieron fabricar con máquinas.

El primer papel de lija fue hecho en China alrededor del año 1200. Semillas aplastadas, arena y conchas se pegaban sobre **pergamino**. Más tarde se usó piel de tiburón. En tiempos modernos, se usó vidrio. En la actualidad, se usan muchos tipos de materiales.

Esta lima antigua está hecha de piedra dura

Las limas se usan para darle forma a la madera y otros materiales. Como puedes ver, ¡no han cambiado mucho!

Se muestran dos texturas, o tamaños de dientes, diferentes.

¡Actualmente existen más de 10,000 tipos de limas diferentes!

El papel de lija viene en diferentes colores y texturas. Algunos son más ásperos que otros. Las diferentes texturas se usan para lijar diferentes materiales.

El toque final

Los años venideros seguramente traerán herramientas que hoy no podemos imaginar. Pero algunas herramientas seguirán siendo muy parecidas a las que usaban los pueblos antiguos. ¿Por qué cambiar lo que funciona? Como dice el dicho, "¡Si no está roto, no lo arregles!"

Las herramientas más populares

Un estudio reciente enumeró las veinte herramientas más importantes de la historia. ¿Cómo las usarías?

1	2	3	4	5	6	7	8	9
cuchillo	ábaco	brújula	lápiz	arnés	guadaña	rifle	espada	anteojos

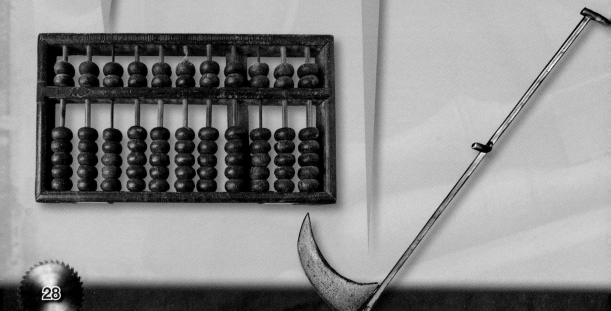

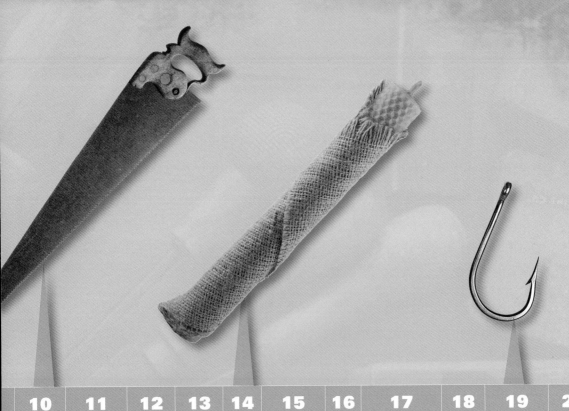

10	11	12	13	14	15	16	17	18	19	20
sierra	reloj de pulsera	torno	aguja	vela	balanza	olla	telescopio	nivel	anzuelo	cincel

Glosario

átomos—las partes más pequeñas de un elemento

cincel—una herramienta de metal con un borde cortante al final de una hoja, utilizado para picar o dar forma a materiales sólidos

destrales—unas hachas pequeñas con un mango corto

Edad de Piedra—el período más antiguo en que se sabe que existían los seres humanos; se llama así por el uso de herramientas de piedra

Edad Media—el período de la historia europea entre alrededor de los años 500 d. C. y 1500 d. C.

equipos—los materiales o productos utilizados en una actividad específica

ferretería—una tienda donde se venden herramientas

materiales—los suministros utilizados para hacer o fabricar algo

moléculas—las partes más pequeñas de una sustancia

oficios—negocios, trabajos o actividades

pergamino—la piel de una oveja o de una cabra preparada para escribir sobre ella

pulgares oponibles—los pulgares que tienen la capacidad de colocarse contra uno o más de los restantes dedos de una mano o de un pie

Revolución Industrial—la época en que las personas comenzaron a usar máquinas y fábricas en lugar de herramientas para fabricar cosas

tenazas—un dispositivo que normalmente consiste en dos piezas móviles y se usa para sostener algo

tendón—un tejido fuerte y elástico que une los músculos a los huesos en los animales

utensilios—los artefactos usados en el hogar, especialmente en la cocina

Índice

Acerca de la autora

Dona Herweck Rice creció en Anaheim, California, y se graduó de la Universidad de California del Sur con un título en inglés y de la Universidad de California en Berkeley con una credencial para la enseñanza. Ha sido maestra desde el preescolar hasta el décimo grado, investigadora, bibliotecaria, directora de teatro, y ahora es editora, poeta, escritora de materiales para maestros y escritora de libros para niños. Es casada, tiene dos hijos y vive en el sur de California.